MARIA VÉRONE

Avocate à la Cour

# LA FEMME ET LA LOI

LIBRAIRIE

LAROUSSE

PARIS

# LA FEMME
## ET LA LOI

Maria VÉRONE

# LA FEMME ET LA LOI

Préface de M<sup>me</sup> Jules SIEGFRIED

LIBRAIRIE LAROUSSE, PARIS

13-17, RUE MONTPARNASSE. — SUCCURSALE : RUE DES ÉCOLES, 58

# PRÉFACE

*L'Y. W. C. A., si fraternellement préoccupée de la question passionnante du féminisme en France, a de suite compris tous les services que pourrait rendre une large diffusion de l'ouvrage présenté aujourd'hui au public sous le patronage du Conseil national des Femmes françaises, très heureux de voir combien est apprécié le travail de sa distinguée collègue, M<sup>me</sup> Maria Vérone.*

*C'est avec un sentiment de confiance absolue dans l'heureux développement moral et intellectuel de la femme française que nous entrons dans la phase nouvelle que nous apporte la paix après ces années de luttes, d'angoisses et de deuils.*

*Au point de vue de l'endurance et de l'intelligence pratique, la Française s'est révélée sous un jour qui a fait l'admiration de tous ceux qui jusqu'alors ne lui accordaient guère que des qualités de grâce, de finesse et d'intuition. Mais, osons le dire, elle est, hélas, excessivement ignorante des lois qui la concernent. Cela s'explique assez, puisqu'elle a toujours été tenue en tutelle. Il a fallu les événements tragiques que nous venons de traverser pour lui faire comprendre que, tant qu'elle restera ignorante des lois la concernant, elle et ses enfants, elle ne pourra pas profiter de ses nouveaux droits. Tandis que si elle est à même de les discuter, elle pourra arriver enfin à obtenir la sage liberté doublée d'autorité à laquelle toute femme vraiment femme doit aspirer et qui apportera dans la famille un esprit de respect et de justice.*

*Nous ne saurions donc assez recommander l'étude du livre la Femme et la Loi, de M<sup>me</sup> Maria Vérone, l'éminente avocate, véritable apôtre du féminisme sage et ardent, dont le patriotisme éclairé et dévoué a déjà tant fait pour ouvrir l'in-*

telligence de ses sœurs, souvent endormie, en leur faisant comprendre qu'elles ne doivent négliger aucune occasion de s'instruire et de se cultiver, leurs charmes et leur cœur ne suffisant point pour en faire véritablement les collaboratrices de l'homme dans l'immense travail de reconstitution morale qui se prépare.

Les idées que nous énonçons ici sont celles qui ont toujours guidé le Conseil national des Femmes françaises qui, de plus en plus, désire propager parmi ses membres un sens toujours plus élevé des devoirs sociaux qu'elles ont à remplir pour arriver à être des femmes vraiment complètes qui, sans négliger leurs devoirs de famille, se préparent, par une culture incessante, à l'avenir si beau qui les attend.

Julie SIEGFRIED,
Présidente du Conseil national des Femmes françaises.

# LA FEMME ET LA LOI

## DROIT CIVIL

NATIONALITÉ.

Femme célibataire. — Est Française :

1º Toute fille née d'un père français, soit en France, soit à l'étranger;

2º Toute fille née en France de parents étrangers, dont l'un des deux est également né en France. (Toutefois, si c'est la mère qui remplit cette condition, l'enfant peut, dans l'année qui suit sa majorité, décliner la qualité de Française);

3º Toute fille née en France d'un père étranger, si elle était domiciliée en France au moment de sa majorité, à moins qu'au cours de sa vingt-deuxième année elle n'ait décliné la qualité de Française et prouvé par une attestation de son gouvernement qu'elle a conservé la nationalité de son père;

4º La fille qui était mineure au moment de la naturalisation de ses parents, à moins qu'elle ne décline cette qualité dans l'année qui suit sa majorité.

Femme mariée. — La femme, en se mariant, prend la nationalité de son mari.

La Française qui épouse un étranger perd sa propre nationalité pour acquérir celle de son mari. Ce ne sont donc plus les lois françaises qui lui sont applicables, mais les lois du pays du mari. Or, les lois civiles sont très différentes les unes des autres dans les divers États. Ainsi une Française qui épouse un Espagnol ne peut pas divorcer parce que le divorce n'est pas admis en Espagne; une Française qui se marie sans contrat avec un Italien est placée, selon la loi italienne, sous le régime de la séparation de biens, etc.

La Française qui a épousé un étranger ne retrouve pas sa nationalité d'origine par le fait qu'elle devient veuve ou qu'elle est divorcée. Il faut qu'elle adresse une demande au ministre de la justice, et elle n'obtient ce qu'on appelle la « réintégration » dans la qualité de Française qu'à la condition de résider en France, ou d'y rentrer en déclarant qu'elle veut s'y fixer.

En cas de veuvage, la femme qui solllicite sa réintégration peut demander et obtenir en même temps la naturalisation de ses enfants mineurs. Plus tard, cette naturalisation ne pourrait être obtenue que sur demande du tuteur avec l'approbation du conseil de famille.

L'étrangère qui épouse un Français devient Française, et elle ne peut plus réclamer le bénéfice des lois de son pays.

NATURALISATION. — La femme étrangère célibataire peut être naturalisée en adressant une demande au ministère de la justice et en se soumettant aux conditions imposées par la loi.

La femme étrangère, mariée à un étranger qui se fait naturaliser en France, peut, si elle le demande, obtenir la qualité de Française sans condition de stage. Si elle ne se soumet pas à cette formalité, elle garde la nationalité qu'avait le mari au moment de la célébration du mariage.

La femme française mariée à un étranger ne redevient pas Française de droit, du fait que son mari se fait naturaliser en France après le mariage. Il lui faut également faire une demande de réintégration, autrement elle resterait étrangère, alors que son mari serait devenu Français, et sa situation ne serait même pas modifiée par la mort du mari ou par le divorce.

DÉNATURALISATION. — En cas de guerre, un étranger naturalisé, ayant été auparavant sujet d'un pays ennemi, peut être déchu de la naturalisation, soit qu'il ait gardé sa nationalité d'origine ou du pays dans lequel il avait été antérieurement naturalisé, soit qu'il se soit soustrait à ses

obligations de Français, soit qu'il aît prêté ou tenté de prê-
ter une aide quelconque à une puissance ennemie.

Ces prescriptions sont applicables indistinctement aux
hommes et aux femmes.

Le retrait de la nationalité française prononcé contre le
mari peut être étendu à sa femme et à ses enfants. Dans ce
cas, la femme doit être avisée que le ministre se propose de
prendre contre elle une semblable mesure, et elle a alors le
droit de présenter ses observations.

Si le retrait de naturalisation n'est prononcé qu'à l'égard
du mari, la femme peut décliner la nationalité française
dans le délai d'un an.

La loi sur la dénaturalisation est applicable pendant
toute la durée des hostilités, et pendant les deux années
qui suivent la signature définitive de la paix.

## ACTES DE L'ÉTAT CIVIL.

Témoins. — Les femmes majeures peuvent être témoins dans
les actes de l'état civil.

## MAJORITÉ.

Age. — La majorité est fixée à vingt et un ans accomplis,
aussi bien pour la fille que pour le garçon.

Émancipation. — La fille mineure est émancipée de plein
droit par le mariage.

Elle peut être également émancipée, à partir de l'âge de
quinze ans, par son père, ou, à défaut de père, par sa mère, qui
en fera la déclaration à la justice de paix.

## MARIAGE.

Célébration du mariage. — Pour se marier, une jeune fille
doit avoir quinze ans révolus.

Jusqu'à trente ans, il n'est pas permis de contracter mariage
sans justifier du consentement des parents; mais si l'enfant est
âgé de vingt et un ans révolus, il peut, à défaut de consentement, faire notifier l'union projetée à ses parents, et se marier
trente jours après.

Si le père et la mère sont morts, les grands-parents les rem-
placent pour consentir au mariage.

Les orphelins n'ayant aucun ascendant sont tenus, durant leur minorité, d'obtenir le consentement du conseil de famille.

Une Française peut épouser un Français à l'étranger; mais pour que le mariage soit valable en France, il faut que diverses conditions soient remplies :

1º Justification du consentement des parents de chacun des futurs époux, si ce consentement était nécessaire d'après la loi française;

2º Publication de l'union projetée à la mairie de la commune où chacune des parties contractantes avait son domicile en France, ou, à défaut, au lieu de naissance; et en outre, si les futurs conjoints sont encore tenus de justifier du consentement de leurs parents, au domicile de ceux-ci;

3º Transcription de l'acte de célébration du mariage sur les registres de l'état civil du lieu de son domicile, dans les trois mois qui suivront le retour du Français en France. Cette formalité peut être accomplie après trois mois, mais il faut alors obtenir un jugement du tribunal civil.

La Française qui se marie avec un étranger, soit en France, soit à l'étranger, doit, quant à elle, respecter toutes les formes précédemment prescrites pour la validité de son mariage en France, mais elle et son mari doivent en outre se conformer aux prescriptions de la loi du pays d'origine du mari, afin que le mariage soit également valable dans ce pays.

La non-validité en France du mariage contracté par une Française avec un étranger peut avoir les conséquences suivantes : la femme garde sa nationalité, car elle est toujours célibataire au regard de la loi française; les enfants sont considérés comme illégitimes et perdent tous droits à la succession de la famille de leur mère.

Les conséquences de la non-validité dans le pays du mari varient selon les lois de la nation, mais, dans tous les cas, la femme reste étrangère à ce pays; elle ne peut revendiquer la qualité de femme mariée, et ses enfants sont illégitimes.

Ainsi, il arrive parfois, lorsque les époux sont de nationalité différente au moment du mariage, que leur union n'est déclarée légale que dans l'une des deux nations. Les époux jouissent alors, au regard des lois de ce pays, d'une situation régulière, tandis que, dans l'autre nation, ils sont considérés comme vivant ensemble sans être mariés. Les enfants sont légitimes dans un pays et illégitimes dans l'autre; ce qui peut amener des complications au point de vue de savoir sous l'autorité de quel parent ils doivent être placés, de connaître leur nationalité et d'établir leurs droits successoraux.

C'est qu'en effet les formalités relatives au mariage sont très différentes selon les pays. Par exemple, en France, le mariage civil est obligatoire; en Espagne, en Angleterre, le mariage religieux peut être suffisant; en Russie, le mariage religieux est obligatoire. Dans la plupart des pays, les enfants, même illégitimes, sont placés sous l'autorité du père; en Russie, au contraire, l'enfant illégitime est placé sous l'autorité de la mère, dont il prend la nationalité. De là les conflits que nous signalions précédemment.

Une Française qui épouse un étranger ne saurait donc jamais prendre trop de précautions, en quelque endroit que le mariage ait lieu.

Situation de la femme mariée. — La femme doit obéissance à son mari. Elle est tenue d'habiter avec lui et de le suivre partout où il juge à propos de résider; mais elle a le droit d'exiger qu'il lui fournisse tout ce qui est nécessaire aux besoins de la vie, selon la situation sociale et pécuniaire des époux.

La femme mariée ne peut faire aucun acte sans l'autorisation de son mari. Elle ne peut pas se présenter en justice, sauf si elle est poursuivie pour crime, délit ou contravention, sans l'assistance de son mari. Elle ne peut donner, vendre, hypothéquer, acheter, recevoir, accepter une donation sans que le mari n'ait donné son consentement par écrit.

Ces dispositions s'appliquent à toutes les femmes mariées, même à celles qui sont séparées de biens. Toutefois, il y a certaines exceptions qui seront indiquées plus loin en ce qui concerne la femme qui exerce une profession. (V. *Libre disposition du salaire de la femme* et *Contribution des époux aux charges du ménage*, pp. 27 et 28.) Si le mari refuse d'autoriser sa femme à plaider ou à passer un acte, la femme peut obtenir l'autorisation du tribunal.

La femme mariée peut faire un testament sans l'autorisation de son mari.

REMARIAGE. — La femme veuve peut se remarier dix mois après la mort de son mari.

La femme divorcée peut se remarier aussitôt après la transcription du divorce sur les registres de l'état civil, à condition qu'il se soit écoulé trois cents jours depuis le premier jugement rendu dans la cause ou depuis l'ordonnance de non-conciliation, lorsque celle-ci a assigné aux époux des domiciles séparés.

Lorsque le divorce résulte de la conversion d'un jugement de séparation de corps, la femme divorcée pourra contracter un nouveau mariage aussitôt après la transcription de la décision de conversion.

Les époux divorcés ne peuvent plus se réunir si l'un ou l'autre a contracté un nouveau mariage suivi d'un second divorce. Ils peuvent se réunir si le nouveau mariage a été dissous par la mort du conjoint. Au cas de réunion des époux divorcés, il faudra procéder à une nouvelle célébration du mariage ; leur régime matrimonial sera obligatoirement celui qui réglait leur première union. Ils ne pourront plus divorcer, sauf si l'un d'eux est condamné à une peine afflictive et infamante.

## DIVORCE.

CAUSES. — Les causes du divorce sont :

1º L'adultère de l'un des époux en quelque lieu qu'il ait été commis ;

2º Les actes de violence, les mauvais traitements, les offenses, les injures ;

3º La condamnation de l'un des époux à une peine afflictive et infamante. (Les peines afflictives et infamantes sont : la peine de mort, les travaux forcés, la réclusion, la déportation, la détention dans une forteresse.)

MESURES PROVISOIRES. — Le jour de l'entrevue en conciliation des époux devant le juge, la femme doit demander :

1º L'autorisation de résider dans une habitation différente de celle de son mari ;

2º L'autorisation de se faire remettre ses effets personnels ;

3º La garde de ses enfants ;

4º Une pension alimentaire (cette pension est due, même s'il n'y a pas d'enfant).

Administration des biens pendant l'instance en divorce. — Le mari garde l'administration des biens dont il a la charge, mais la femme peut demander l'apposition des scellés sur les biens de communauté dont il est ensuite dressé inventaire ; elle peut même obtenir l'autorisation de mettre opposition sur une partie des biens, soit pour garantir ses droits sur sa part de communauté, soit pour assurer la reprise de ses biens dont le mari a l'administration. (La femme a souvent intérêt à faire inventaire, afin d'empêcher le mari de faire disparaître tout ou partie des biens.)

Acceptation de communauté. — La femme mariée sous un des régimes de communauté et qui veut faire procéder au partage de communauté est tenue de faire acceptation dans les trois mois et quarante jours qui suivent la transcription du divorce. (Voir à *Dissolution de communauté*, p. 22.)

Pension alimentaire. — La femme qui obtient le divorce à son profit peut réclamer une pension alimentaire, mais cette pension est révocable du jour où il est démontré que la femme n'en a plus un besoin absolu.

Séparation de corps. — La procédure en séparation de corps est exactement la même que celle du divorce. Trois ans après que la justice a prononcé la séparation de corps, cette séparation est de droit convertie en divorce sur la demande de l'un des époux.

La séparation de corps entraîne toujours la séparation de biens. En outre, la femme n'est plus considérée comme étant sous la tutelle de son mari; elle peut donc plaider ou signer des contrats sans l'autorisation de son mari. Elle administre ses biens, mais elle ne peut vendre ses immeubles sans le consentement de son mari.

Nom de la femme. — Par l'effet du divorce, chacun des époux reprend l'usage de son nom ; c'est-à-dire que la femme, aussi bien que le mari, peut interdire à son conjoint de porter son nom, soit seul, soit adjoint à un autre.

Il en est de même en cas de séparation de corps.

L'usage est que la femme divorcée ne porte que son nom personnel, et que la femme simplement séparée de corps garde le nom de son mari lorsqu'elle le portait **auparavant**. Toutefois, il est à noter qu'aucune loi n'oblige la femme mariée à prendre le nom de son mari.

## PUISSANCE PATERNELLE ET TUTELLE.

AUTORITÉ PATERNELLE. — Bien que l'enfant soit en principe placé sous l'autorité de son père et de sa mère, c'est le père seul qui, durant le mariage, exerce cette autorité, de même que c'est lui seul qui administre les biens personnels de ses enfants mineurs.

Si les parents ne sont pas mariés, la puissance paternelle appartient à celui des parents qui a reconnu l'enfant en premier. Si le père et la mère ont reconnu l'enfant en même temps, c'est le père seul qui exerce l'autorité paternelle. La reconnaissance de l'enfant se fait par une déclaration à la mairie où la naissance de l'enfant a été enregistrée, ou par un acte dressé par un notaire.

La puissance paternelle comprend : le droit de garder l'enfant auprès de soi et de choisir son mode d'éducation ; la jouissance des biens de l'enfant pendant sa minorité ; enfin, le droit de faire emprisonner l'enfant par voie de correction paternelle.

CORRECTION PATERNELLE. — Lorsque le droit de correction paternelle est exercé par le père, l'avis de la mère n'est pas sollicité, et celle-ci n'a d'ailleurs aucun moyen de protester contre la décision prise par le père.

Si la correction est demandée par la mère veuve non remariée, l'assentiment des deux plus proches parents paternels est nécessaire.

Quand l'enfant est âgé de moins de seize ans, s'il n'exerce pas de profession et n'a pas de biens personnels, le président du tribunal est obligé, à la demande du père, d'ordonner la détention de l'enfant ; il décide seulement de la durée, qui ne peut excéder un mois.

Si l'enfant exerce une profession, s'il a des biens ou s'il est âgé de seize à vingt et un ans, le président peut refuser la détention. Il en est de même si le père, remarié, a demandé l'envoi en correction d'un enfant issu d'un premier mariage.

La mère veuve, non remariée, ne peut jamais que solliciter la détention de son enfant; le juge a le droit de refuser.

L'enfant âgé de seize à vingt et un ans peut être retenu par voie de correction pendant six mois au maximum.

La mise en correction peut être prononcée plusieurs fois pendant la minorité de l'enfant; la loi ne fixe pas d'âge minimum. L'enfant détenu a le droit d'adresser un mémoire au procureur général près la Cour d'appel, mais il n'en est avisé par personne, puisqu'il n'est pas entendu par le juge, n'a pas droit au concours d'un avocat, et ne peut recevoir ni visite ni correspondance.

Tutelle de la mère. — En cas de décès du père, la tutelle appartient à la mère, mais celle-ci n'est pas tenue d'accepter.

Le père peut désigner un conseil spécial chargé d'assister la mère survivante et tutrice, pour tout ou partie des actes relatifs à la tutelle. Cette nomination est faite par testament, acte notarié, ou déclaration devant le juge de paix.

Si la mère tutrice veut se remarier, elle devra convoquer le conseil de famille, qui décidera si la tutelle doit lui être conservée. Au cas où elle n'accomplirait pas cette formalité, elle perdrait la tutelle de plein droit. Si elle est maintenue dans ses fonctions de tutrice, le mari deviendra obligatoirement cotuteur.

Conseil de famille. — Les femmes peuvent être membres des conseils de famille ou tutrices, mais la femme mariée doit obtenir l'autorisation de son mari pour exercer les fonctions de la tutelle.


## ENFANTS NATURELS.

Reconnaissance. — La reconnaissance d'un enfant naturel se fait soit à la mairie où la naissance a été déclarée, soit par un acte rédigé par un notaire. Dans ce dernier cas, la reconnaissance peut être faite avant la naissance de l'enfant. L'indication du nom de la mère dans l'acte de naissance n'équivaut pas à une reconnaissance. La déclaration formelle de la mère, selon les formes indiquées ci-dessus, est indispensable.

L'enfant naturel reconnu a des droits inférieurs à ceux des enfants légitimes dans la succession de ses père et mère. Il n'a aucun droit dans la succession des parents, en lignē directe ou collatérale de ses père et mère.

LÉGITIMATION. — La légitimation des enfants naturels a lieu par le mariage des parents lorsque ceux-ci les ont reconnus avant le mariage ou s'ils les reconnaissent dans l'acte de mariage.

Lorsque la reconnaissance est faite par les parents ou par l'un d'eux après le mariage, la légitimation ne peut être établie que par un jugement.

ENFANTS ADULTÉRINS. — La loi ne permet pas la reconnaissance des enfants adultérins ou incestueux.

Les enfants adultérins sont légitimés dans les cas suivants : 1º lorsqu'ils sont nés du commerce adultérin de la mère et désavoués par le mari de celle-ci ; 2º lorsqu'ils sont nés plus de 300 jours après l'ordonnance de non-conciliation rendue par le président du tribunal après une demande en divorce ou séparation de corps intervenue entre celui des parents qui était marié et son conjoint, à condition qu'un jugement ait été rendu ou que l'action ait pris fin par la mort du conjoint ; 3º dans tous les autres cas, lorsque les enfants sont nés du commerce adultérin du père, s'il n'existe pas, au moment du nouveau mariage de celui-ci, d'enfants ou de descendants légitimes issus du mariage au cours duquel est né ou a été conçu l'enfant adultérin.

LÉGITIMATION JUDICIAIRE. — La mère, le tuteur ou les grands-parents d'un enfant naturel peuvent demander au tribunal de prononcer la légitimation de cet enfant, lorsque le mariage des parents a été empêché par la mort du père, survenue pendant la guerre, du fait de blessure reçue ou de maladie contractée ou aggravée sōus les drapeaux. La preuve que les parents de l'enfant avaient la volonté de se marier doit résulter de la correspondance ou de documents certains, et non point de dépositions faites par des témoins.

## RECHERCHE DE LA PATERNITÉ.

Lorsqu'une femme non mariée a un enfant qui n'a pas été volontairement reconnu par le père, elle peut s'adresser au tribunal civil pour faire déclarer la paternité.

Cas. — Les cas dans lesquels l'action en recherche de paternité peut être intentée sont les suivants :

1° Enlèvement ou viol de la femme ;

2° Séduction, abus d'autorité, promesse de mariage ou de fiançailles, à condition qu'il existe un commencement de preuve par écrit ;

3° Aveu de paternité résultant de la correspondance ;

4° Cohabitation de la mère et du prétendu père ;

5° Entretien de l'enfant par le père.

Délais. — Pendant la minorité de l'enfant, c'est à la mère qu'il appartient de citer le père devant le tribunal. Le procès doit être commencé dans les deux ans qui suivent l'accouchement, ou la fin de la vie commune, ou la cessation de la participation du père à l'entretien de son enfant.

Au cas où la mère est décédée ou si elle se trouve dans l'impossibilité d'intenter un procès, c'est le tribunal civil, remplissant les fonctions de conseil de famille, qui nomme un tuteur et autorise l'action en recherche de paternité.

Si rien n'a été fait pendant la minorité de l'enfant, celui-ci peut poursuivre celui qu'il croit être son père, devant le tribunal civil, durant l'année qui suit sa majorité.

Pénalités. — Contrairement à toutes les dispositions du Code civil, la loi sur la recherche de la paternité prévoit que des pénalités peuvent être appliquées à celui ou à celle qui a intenté le procès et qui a été reconnu de mauvaise foi.

Le tribunal civil, en déclarant qu'une femme a faussement indiqué un homme comme devant être déclaré le père de son enfant, peut condamner celle-ci à un emprisonnement d'un an à cinq ans et à une amende de 50 francs à 3000 francs ; il peut en outre prononcer contre elle la peine de l'interdiction de séjour pour cinq ans au moins et dix ans au plus.

Ces pénalités sont applicables à l'enfant qui intente lui-même le procès dans l'année qui suit sa majorité, s'il est convaincu de mauvaise foi.

## ADOPTION.

L'adoption n'est permise qu'aux personnes âgées de plus de cinquante ans, n'ayant ni enfants ni descendants légitimes, et qui ont au moins quinze ans de plus que les individus qu'elles se proposent d'adopter.

Nul époux ne peut adopter quelqu'un sans le consentement de son conjoint.

L'adoptant doit avoir donné ses soins à l'adopté, pendant sa minorité, durant au moins six années.

L'adopté doit être majeur. S'il est âgé de moins de vingt-cinq ans, il est tenu de rapporter le consentement de ses parents ; s'il a dépassé cet âge, il doit simplement requérir leur conseil.

Si l'adoptant exerce sa faculté d'adoption à l'égard de quelqu'un qui lui a sauvé la vie (soit dans un combat, soit en le retirant des flammes ou des flots, dit le Code), il lui suffit d'être majeur, plus âgé que l'adopté, et sans descendants légitimes ; s'il est marié, il doit obtenir le consentement de son conjoint.

L'adopté a les mêmes droits qu'un enfant légitime dans la succession de l'adoptant.

TUTELLE OFFICIEUSE. — Afin de permettre l'adoption aux personnes âgées qui craindraient de décéder avant qu'un enfant fût devenu majeur, la loi a prévu une organisation spéciale dite *Tutelle officieuse.*

Toute personne âgée de plus de cinquante ans, sans descendants légitimes, peut devenir le tuteur officieux d'un enfant ayant moins de quinze ans. Le consentement du conjoint est nécessaire.

Pour que la tutelle officieuse puisse être obtenue, il faut avoir le consentement des parents du pupille; si celui-ci est orphelin, le conseil de famille est appelé à donner son consentement; si l'enfant n'a aucun parent connu, le conseil de famille est remplacé par l'administration de l'hospice où le pupille a été recueilli, ou par la municipalité du lieu de sa résidence.

Le juge de paix du domicile de l'enfant dresse les procès-verbaux des demandes et consentements relatifs à la tutelle officieuse.

Après cinq années de tutelle, le tuteur officieux peut adopter son pupille par une simple disposition testamentaire, mais elle ne sera valable qu'à la condition qu'il n'y ait pas d'enfant légitime à la date du décès.

Le tuteur officieux est tenu de pourvoir à tous les besoins de son pupille.

## RÉGIMES MATRIMONIAUX.

Le régime matrimonial est l'ensemble des règles auxquelles sont soumis les droits d'administration, de disposition et de propriété des biens des époux.

Lorsque des époux sont mariés sans contrat, la loi leur impose le régime de la communauté, dite communauté légale, parce qu'elle est entièrement réglée par le Code, et qu'il n'y intervient aucune convention particulière des époux.

Quand les futurs époux veulent adopter un autre régime matrimonial, ils doivent, avant la célébration du mariage, faire rédiger par un notaire un contrat dans lequel ils indiquent toutes les conventions qui seront applicables du jour du mariage.

Les principaux régimes matrimoniaux établis par contrat sont : la communauté réduite aux acquêts, la séparation de biens, le régime dotal.

Le régime matrimonial, soit qu'il résulte d'un contrat, ou qu'il soit fixé par la loi par suite de l'absence de contrat, ne peut subir aucune modification après la célébration du mariage. Il n'est même pas permis à des époux divorcés qui se réunissent à nouveau de choisir un autre régime matrimonial que celui qu'ils avaient durant leur première union.

Cependant, lorsque le mari dilapide la fortune de sa femme, cette dernière peut obtenir du tribunal un jugement prononçant la séparation de biens entre les époux. Mais l'on verra plus loin que c'est là un cas tout à fait exceptionnel.

## COMMUNAUTÉ LÉGALE.

BIENS COMMUNS. — Sont considérés comme biens communs :
1º Tous les effets, meubles et valeurs mobilières que possèdent les époux au moment du mariage ;
2º Tous les biens qui pourraient leur être donnés ou dont ils pourraient hériter pendant le mariage, sauf les immeubles ;
3º Les revenus de toute nature échus ou perçus pendant le mariage ; les gains et salaires des époux ;
4º Les économies faites pendant le mariage ; les valeurs mobilières et les immeubles achetés pendant le mariage.

Aucun de ces biens ne peut donc être considéré, après le mariage, comme étant la propriété particulière de l'un des époux ; et, lorsque la communauté sera dissoute, l'ensemble de tous les biens communs, quelle que soit leur origine, sera partagé par moitié entre les conjoints ou leurs ayants droit.

En cas de mort, de divorce ou de séparation de biens, les biens communs sont partagés par moitié entre les époux ou leurs ayants droit.

BIENS PERSONNELS. — Les immeubles appartenant aux époux, ceux dont ils pourraient hériter ou qui leur seraient donnés, restent leur propriété personnelle.

DETTES. — Les dettes qu'avaient les époux au jour du mariage tombent, en principe, dans la communauté ; mais, en fait, il faut faire une distinction entre les dettes du mari et celles de la femme. Tandis que les premières peuvent toutes être payées avec les biens de la communauté, même s'ils proviennent uniquement de la femme, les secondes ne peuvent être payées de la même façon qu'à la condition qu'elles résultent d'un acte notarié, d'un jugement, d'un acte enregistré, ou d'un acte dont au moins l'un des signataires est mort avant le mariage.

Pendant le mariage, toutes les dettes contractées par le mari tombent en communauté; les dettes de la femme ne subissent le même sort que si elles ont été faites avec l'autorisation du mari. L'amende elle-même prononcée contre le mari peut être payée avec les biens communs.

ADMINISTRATION DES BIENS. — Le mari administre seul les biens de la communauté. Il peut les vendre, les aliéner, les hypothéquer sans le concours de la femme.

Il administre également les biens personnels de la femme, mais il ne peut vendre ni hypothéquer les immeubles de la femme sans son consentement.

## COMMUNAUTÉ RÉDUITE AUX ACQUÊTS.

Par contrat de mariage, les futurs époux peuvent indiquer qu'il n'y aura entre eux qu'une communauté d'acquêts. Dans ce cas, chacun des époux reste personnellement responsable des dettes contractées avant le mariage.

BIENS COMMUNS. — Les biens de communauté comprennent:
1° Les revenus échus ou perçus pendant le mariage;
2° Les gains et salaires des époux;
3° Les économies faites pendant le mariage;
4° Les valeurs mobilières et les immeubles acquis pendant le mariage.

BIENS PERSONNELS. — Tout ce qui appartenait à chacun des époux lors de la célébration du mariage reste sa propriété personnelle et doit être restitué à lui-même ou à ses ayant droits après la dissolution de la communauté. Il en est de même des biens dont les époux auraient hérité pendant le mariage.

Pour que chacun des époux ou ses ayants droit puissent opérer la reprise des biens personnels, il faut que la propriété en puisse être justifiée; autrement les biens sont considérés comme faisant partie de la communauté et partagés par moitié. C'est pourquoi il est d'usage d'indiquer dans le contrat de mariage ce que possèdent les époux.

ADMINISTRATION DES BIENS. — L'administration des biens communs et des biens de la femme appartient au mari, dans les mêmes conditions que sous le régime de la communauté légale. Il peut donc vendre les valeurs mobilières appartenant à la femme ou en faire tel emploi qu'il lui convient ; il peut également vendre ou hypothéquer les immeubles de communauté, et c'est seulement pour les immeubles appartenant à la femme que le consentement de celle-ci est nécessaire.

# DISSOLUTION DE LA COMMUNAUTÉ.

CAUSES. — La communauté se dissout :
1º Par la mort ;
2º Par le divorce ;
3º Par la séparation de corps ;
4º Par la séparation de biens.
(Les causes de dissolution et les formalités de la liquidation et du partage de la communauté sont les mêmes pour la communauté légale et la communauté réduite aux acquêts.) La femme ou ses héritiers ont la faculté d'accepter la communauté ou d'y renoncer.

ACCEPTATION DE LA COMMUNAUTÉ. — Après l'acceptation de la communauté par la femme, on procède au partage.

REPRISE DES BIENS PERSONNELS. — Sur la masse des biens, chaque époux ou son héritier prélève :
1º Ses biens personnels, s'ils existent en nature ; ou, s'ils ont été vendus, les nouveaux biens qui auraient été acquis avec les fonds provenant de la vente des premiers ;
2º Le prix de ses biens qui ont été aliénés et dont il n'a été fait aucun emploi.
Les prélèvements de la femme s'exercent avant ceux du mari.
Après que les prélèvements des deux époux ont été opérés sur la masse, le surplus se partage par moitié entre les époux ou ceux qui les représentent.

DETTES. — Les dettes de communauté sont pour moitié à la charge de chacun des époux ou de leurs héritiers. La femme qui accepte peut donc se trouver dans l'obligation de payer des dettes dont le montant se trouve bien supérieur à ce qui lui revient dans l'actif. Mais si un inventaire a été dressé au moment de la dissolution, elle n'est tenue de payer sa part de dettes que jusqu'à concurrence du profit qu'elle retire de la communauté.

INVENTAIRE. — L'inventaire doit être fait dans les trois mois qui suivent le décès du mari.

En cas de divorce ou de séparation, l'inventaire est souvent dressé dès le début du procès; toutefois, il peut être établi après que le divorce ou la séparation sont définitivement prononcés.

Chaque fois que la femme craint que le mari n'ait contracté des dettes qu'elle ignore, elle a donc grand intérêt à faire inventaire, puisque cela lui permet, ou d'accepter la communauté sans courir le risque de payer plus qu'elle n'aura reçu, ou bien de renoncer, si le passif est plus élevé que l'actif.

RENONCIATION A LA COMMUNAUTÉ. — La veuve qui a fait un inventaire peut renoncer à la communauté, par déclaration au greffe du tribunal, dans les trois mois et quarante jours qui suivent le décès du mari. Passé ce délai, la veuve qui a fait inventaire peut encore renoncer, mais elle est tenue de payer les frais faits contre elle par les créanciers.

La femme divorcée ou séparée de corps qui n'a pas, dans les trois mois et quarante jours après le divorce ou la séparation définitivement prononcés, accepté la communauté, est censée y avoir renoncé.

La femme qui renonce perd tout droit sur les biens de la communauté, même si elle est mariée sans contrat; sur les meubles et valeurs mobilières qui étaient sa propriété avant le mariage, aussi bien que sur ceux qui lui ont été donnés ou dont elle a hérité pendant le mariage. Elle retire seulement le linge et les vêtements à son usage. Toutefois, elle a le droit d'opérer la reprise de ses biens personnels, conformément aux règles établies pour la communauté légale et pour la communauté réduite aux acquêts.

Elle ne participe pas au payement des dettes de la communauté, à moins qu'elle ne se soit engagée en même temps que son mari, soit en signant un contrat, soit en signant des billets à ordre, une reconnaissance de dettes, etc.

DROITS DE LA VEUVE. — La veuve, soit qu'elle accepte la communauté, soit qu'elle y renonce, a droit pendant trois mois et quarante jours à sa nourriture et à son logement aux frais de la masse des biens.

Le deuil de la veuve est aux frais des héritiers du mari ; la valeur de ce deuil est réglée selon la fortune du mari. La femme y a droit même en renonçant à la communauté.

## SÉPARATION DE BIENS.

SÉPARATION JUDICIAIRE. —Lorsque les époux sont mariés sous un régime de communauté, la femme peut demander au tribunal de prononcer la séparation de biens, au cas où le désordre des affaires du mari peut amener la disparition de tout ou partie des biens de la femme.

La garantie de la part de la femme dans la communauté ne peut être une cause de séparation de biens. Cependant, lorsque la femme n'a aucune reprise à exercer, le tribunal accorde quelquefois la séparation pour permettre à la famille d'avoir un foyer dans lequel les créanciers du mari ne pourront opérer aucune saisie.

EFFETS. — La femme reprend la libre administration de ses biens.

Elle peut disposer de ses valeurs mobilières ; mais elle ne peut vendre ses immeubles sans le consentement du mari, ou, à son refus, sans être autorisée en justice.

La femme doit contribuer aux frais du ménage ; elle doit même les supporter entièrement s'il ne reste rien au mari.

Lorsque la séparation de biens est prononcée, la communauté est considérée comme mauvaise et la femme est censée y renoncer, sans qu'il soit nécessaire dè faire inventaire.

SÉPARATION CONTRACTUELLE. — Lorsque les époux ont stipulé par leur contrat de mariage qu'ils seraient séparés de biens, la femme conserve l'entière administration de ses biens et la jouissance de ses revenus ; toutefois, elle doit contribuer aux charges du ménage jusqu'à concurrence du tiers de ses revenus, à moins qu'il n'existe d'autres conventions dans le contrat.

La femme ne peut vendre ses immeubles sans le consentement spécial de son mari, ou, à son refus, sans être autorisée par justice. Le mari ne peut même pas donner à sa femme une autorisation générale, laquelle serait nulle, d'après la loi.

Au moment de la dissolution du mariage, chacun des époux est seul propriétaire des économies qu'il a faites au cours du mariage, et aucun partage ne peut être opéré, alors même que l'un des conjoints aurait aidé l'autre à réaliser des économies.

## RÉGIME DOTAL.

Le régime dotal est ainsi appelé, non parce qu'il implique plus qu'aucun autre l'existence d'une dot, mais parce que la dot y est entourée d'une protection toute particulière. Il doit être indiqué d'une façon expresse dans le contrat de mariage, et, sauf stipulation contraire, tous les biens de la femme figurant à ce contrat sont considérés comme biens dotaux.

La constitution de dot peut frapper tous les biens présents de la femme, et même tous les biens *présents et à venir*, c'est-à-dire non seulement ceux qu'elle possède au jour du mariage, mais encore ceux qui pourraient lui échoir au cours du mariage par donation ou succession.

Le principe du régime dotal, c'est que les *biens dotaux sont inaliénables ;* toutefois, il y a une distinction à faire entre les immeubles et les valeurs mobilières. Tandis que les premiers ne peuvent jamais être vendus ni hypothéqués, les valeurs mobilières — si elles figurent au contrat avec une estimation — sont mises à la disposition du mari, qui ne sera pas tenu de les restituer en nature, mais simplement d'en remettre la valeur au moment de la dissolution du mariage.

En interdisant aux époux, même d'un commun accord, de vendre ou d'hypothéquer la dot de la femme, le régime dotal a pour but de sauvegarder la fortune immobilière des familles.

Les biens dotaux sont également insaisissables, même après la séparation de biens prononcée par le tribunal, ou après la dissolution du mariage.

Ce régime, qui présente certains avantages, n'est pas généralement admis, parce qu'il offre aussi de grands inconvénients. En effet, s'il donne à la femme la certitude de ne pas être dépouillée par suite de la mauvaise administration du mari, il a aussi pour conséquence de rendre les époux plutôt usufruitiers que propriétaires des biens dotaux, lesquels doivent revenir obligatoirement aux héritiers éventuels.

ADMINISTRATION DES BIENS DOTAUX. — Le mari seul a l'administration et la jouissance des biens dotaux. C'est lui qui touche tous les revenus.

ADMINISTRATION DES AUTRES BIENS DE LA FEMME. — La femme a l'administration et la jouissance de ceux de ses biens qui ne font pas partie de la constitution de dot, telle qu'elle résulte du contrat de mariage ; cependant elle ne peut pas les vendre sans l'autorisation de son mari.

SOCIÉTÉ D'ACQUÊTS. — Tout en se soumettant au régime dotal, les époux peuvent déclarer dans leur contrat former une société d'acquêts. Dans ce cas, les économies réalisées par chacun des époux forment une masse commune qui doit être partagée par moitié entre les conjoints ou leurs héritiers, au moment de la dissolution du mariage.

Si cette clause ne figure pas au contrat, chacun des époux reste propriétaire de ses économies, comme sous le régime de la séparation de biens. Il ne peut rien être réclamé au mari ou à ses héritiers du fait des économies qu'il aurait réalisées sur les revenus provenant des immeubles dotaux appartenant à la femme.

SÉPARATION DE BIENS. — Lorsque la dot est en péril, soit parce qu'elle consiste en partie en argent, soit parce que le mari dégrade ou détériore les immeubles dotaux, la femme peut obtenir la séparation de biens. Elle reprend alors, dans les mêmes conditions que les exerçait précédemment le mari, les droits de jouissance et l'administration des biens dotaux, lesquels restent inaliénables et insaisissables, comme il a été dit plus haut.

DROITS DE LA VEUVE. — Les habits de deuil de la veuve et son habitation pendant un an sont aux frais de la succession du mari.

## LIBRE SALAIRE DE LA FEMME MARIÉE.

CONDITIONS D'APPLICATION DE LA LOI. — La loi du 13 juillet 1907 a donné à la femme mariée, exerçant une profession distincte de celle de son mari, la libre disposition des produits de son travail.

Il faut entendre par « profession distincte » tout travail de la femme lui permettant de toucher *personnellement* une rémunération quelconque, soit comme ouvrière, employée, fonctionnaire, soit comme exerçant une profession libérale, ou encore le commerce fait par la femme établie et patentée à son nom.

La femme qui travaille dans une maison de commerce au nom du mari, celle qui aide son mari comme le ferait un secrétaire, de même que celle qui s'occupe simplement des soins du ménage, ne peuvent bénéficier des avantages de la loi.

ÉCONOMIES DE LA FEMME. — La femme mariée peut, avec le produit de son travail, acheter des immeubles ou des valeurs mobilières. Elle a le droit de les vendre sans l'autorisation de son mari, à condition de justifier de l'exercice d'une profession distincte.

Si la femme fait mauvais usage de ses droits, le mari peut obtenir du tribunal qu'ils lui soient retirés.

Lors de la dissolution du mariage, les économies de la femme font partie des biens à partager, si les époux étaient mariés sous un régime de communauté, ou s'ils avaient stipulé entre eux par contrat de mariage une société d'acquêts. Sous tous les autres régimes matrimoniaux, ces économies restent la propriété personnelle de la femme ou de ses héritiers.

Si la femme renonce à la communauté (V. au chapitre *Dissolution de la communauté*, p. 22), elle garde la propriété des biens qu'elle a acquis avec le fruit de son travail. Ses héritiers ont ce même droit. Le bénéfice de la loi du 13 juillet 1907 est accordé sous tous les régimes. Toute convention contraire insérée dans le contrat de mariage est nulle.

Toute femme qui travaille et qui opère des versements à la caisse d'épargne a donc intérêt à se faire délivrer un livret en vertu de la loi de 1907, et non pas comme femme agissant seule.

Pour tout ce qui concerne les droits reconnus à la femme par la loi du 13 juillet 1907, tant au point de vue de la libre disposition de son salaire qu'à la possibilité qui lui est réservée de toucher une partie du salaire de son mari (V. ci-dessous), la femme peut plaider en justice sans autorisation maritale.

CONTRIBUTION DES ÉPOUX AUX CHARGES DU MÉNAGE. — La loi du 13 juillet 1907 donne à chacun des époux la possibilité d'obtenir du juge de paix le droit de toucher une partie du salaire ou des produits du travail de son conjoint, au cas où ce dernier ne contribuerait pas volontairement, selon ses moyens, aux charges du ménage.

La citation devant le juge se fait sans frais, par une simple lettre recommandée du greffier. Le mari et la femme sont tenus de se présenter en personne, sauf empêchement absolu et dûment justifié.

## SUCCESSIONS.

TESTAMENT. — La femme peut faire un testament sans l'autorisation de son mari.

Le testament olographe est ordinairement le plus usité. Il doit être écrit en entier, daté et signé de la main du testateur ; il n'est assujetti à aucune forme spéciale ; cependant, il est préférable de le faire sur papier timbré, afin d'éviter des frais d'amende.

DROITS DU CONJOINT SURVIVANT. — Lorsque le défunt n'a pas fait de testament, s'il ne laisse aucun parent ayant le droit d'hériter, les biens de sa succession appartiennent au conjoint qui lui survit, à condition qu'il ne soit intervenu entre les époux ni divorce ni séparation de corps.

Le conjoint survivant, non divorcé ou non séparé de corps, qui n'est pas héritier dans les conditions précédemment indiquées, a sur les biens de la succession du défunt un droit d'usufruit, qui est :

D'un quart, si le défunt laisse un ou plusieurs enfants issus du mariage ;

D'une part d'enfant légitime, sans qu'elle puisse excéder un quart, si le défunt a des enfants d'un précédent mariage ;

De moitié dans tous les autres cas.

Mais l'époux survivant ne peut exercer son droit d'usufruit que sur les biens dont le défunt n'a pas disposé par donation ou par testament, de sorte que très souvent le droit du conjoint survivant est purement théorique.

L'usufruit est le droit de jouir des choses dont un autre a la propriété, ou de toucher les revenus des valeurs dont la propriété reste à autrui. Il prend fin à la mort de l'usufruitier.

DROITS DE LA VEUVE. — (V. *Dissolution de la communauté* et *Régime dotal,* pp. 22 et 25.)

DONATIONS ENTRE ÉPOUX. — Dans le cas où il n'y aurait pas d'enfants ou descendants, l'un des époux peut donner à l'autre tout ce dont il pourrait disposer en faveur d'un étranger.

S'il existe des enfants ou descendants, l'époux ne pourra donner à son conjoint qu'un quart en toute propriété et un quart en usufruit ou la moitié de tous ses biens en usufruit seulement.

Lorsque l'un des époux a des enfants d'un précédent mariage, il ne peut donner à l'autre qu'une part d'enfant légitime, sans que la donation puisse excéder un quart des biens.

Les époux ne peuvent se donner ni par donation, ni par testament, ni même indirectement, au delà de ce qui est permis par les dispositions que nous venons d'indiquer.

DONATION MUTUELLE ET RÉCIPROQUE. — Les époux ne peuvent, pendant le mariage, se faire aucune donation mutuelle et réciproque par un seul et même acte. Il est donc nécessaire que chacun des époux fasse un testament pour assurer à l'autre tout ou partie de sa succession.

## FEMME COMMERÇANTE.

AUTORISATION MARITALE. — La femme mariée ne peut exercer aucun commerce sans le consentement de son mari.

(*Responsabilité du mari.* — Lorsque les époux sont mariés sous un régime de communauté, le mari est responsable de tous les engagements pris par sa femme.)

DROITS DE LA FEMME COMMERÇANTE. — La femme commerçante peut, sans l'autorisation spéciale de son mari, signer tous contrats et prendre tous engagements relatifs à son commerce.

Elle peut engager, hypothéquer, et aliéner ses immeubles, sauf ceux qui seraient indiqués au contrat de mariage comme étant biens dotaux. (V. *Régime dotal.*)

LETTRE DE CHANGE. — Les femmes commerçantes ont seules le droit de donner leur acceptation pour une lettre de change. La signature des femmes non commerçantes, mariées ou célibataires, apposée sur lettre de change, ne vaut que comme simple promesse.

# LÉGISLATION DU TRAVAIL

Les lois relatives à l'organisation du travail tendent à devenir identiques dans tous les pays. Il existe déjà un certain nombre de conventions et de traités internationaux, mais il est probable qu'ils seront remplacés, dans quelques années, par un Code international du travail.

La Conférence de la Paix, qui tint ses assises à Paris en 1919, avait nommé une Commission spéciale chargée d'établir une charte du travail. Le traité de Versailles, signé le 21 juin 1919, prévoit la création d'un organisme permanent destiné à assurer le bien-être physique, moral et intellectuel des travailleurs salariés. En outre, des conférences internationales doivent être tenues tous les ans pour étudier et discuter les modifications à apporter à la réglementation du travail.

A ces conférences, chaque État doit être représenté par quatre délégués : deux désignés par le gouvernement ; un, choisi par les associations patronales ; un autre, nommé par les groupements ouvriers.

Les femmes, dont le travail est très strictement réglementé, ont donc le plus grand intérêt à ne pas rester isolées, à se grouper entre elles, ou à adhérer à tous les syndicats et associations professionnelles existant déjà.

En se tenant à l'écart de toute organisation, les travailleuses, employées ou ouvrières manuelles, risquent que leur situation soit réglée sans qu'elles aient même été appelées à donner leur avis.

La Commission du travail de la Conférence de la Paix reçut officiellement une délégation féminine et lui permit de développer tout le programme d'intérêt féminin qui devait à son sens figurer dans la charte du travail. Tous les vœux présentés par les femmes furent adoptés par la Commission, admis comme principes par la Conférence de la Paix, et inscrits comme tels dans le traité de Versailles.

Il faut maintenant, pour que les vœux des femmes soient réalisés, notamment celui qui concerne l'égalité de salaire pour l'égalité de travail, que les principes soient appliqués dans chacun des États signataires du traité. Cela se fera d'autant plus rapidement que les travailleuses obtiendront que des femmes soient désignées parmi les délégués aux conférences internationales.

En outre, ce sont les ouvriers syndiqués qui nomment les membres des conseils du travail. Or, ceux-ci sont chargés d'établir le taux du salaire minimum qui doit être payé, dans chaque région, aux ouvrières travaillant à domicile. S'il n'y a pas de femmes dans les syndicats, il n'y en aura pas dans les conseils du travail, et ce seront les hommes seuls qui fixeront les salaires féminins.

Donner son adhésion à une association professionnelle est donc faire un acte utile, de même que participer aux élections pour les tribunaux de commerce ou les conseils de prud'hommes.

## TRAVAIL DES FEMMES.

Le travail des filles mineures et des femmes est réglementé dans les usines, manufactures, mines, minières et carrières,_chantiers, ateliers et leurs dépendances, de quelque nature que ce soit : publics ou privés, laïques ou religieux, même lorsque ces établissements ont un caractère d'enseignement professionnel ou de bienfaisance.

JOURNÉE DE 10 HEURES. — Les filles mineures et les femmes ne peuvent être employées à un travail effectif de plus de dix heures par jour, coupées par un ou plusieurs repos dont la durée totale ne pourra être inférieure à une heure.

SEMAINE DE 48 HEURES. — Le principe de la semaine de 48 heures de travail, pour tous les ouvriers et employés de l'industrie ou du commerce, a été reconnu par la loi du 23 avril 1919.

Des règlements d'administration publique déterminent par profession, par industrie, par commerce ou par catégorie professionnelle, pour l'ensemble du pays, ou pour une région, les délais et les conditions d'application de la loi.

La journée de travail reste donc fixée à 10 heures, aussi longtemps qu'un décret n'a pas été pris relativement à telle catégorie et à telle région déterminées.

REPOS DU SAMEDI APRÈS-MIDI. — La loi du 11 juin 1917 a décidé que pendant toute la durée de la guerre et tant qu'une loi générale ne serait pas intervenue, le repos de l'après-midi du samedi serait assuré aux ouvrières dans les industries suivantes : vêtements, chapeaux, chaussures, lingerie, broderies, dentelles, plumes, fleurs artificielles et tous autres travaux rentrant dans l'industrie du vêtement.

Ces mesures restent soumises, comme pour l'application de la journée de huit heures, aux décrets visant spécialement chaque profession et chaque région.

Dans l'un ou l'autre cas, les organisations patronales ou ouvrières doivent être consultées. Un règlement peut être pris à la demande de l'une quelconque de ces organisations. Ce règlement fixe les conditions d'application, les dérogations qui peuvent être accordées et le payement des heures supplémentaires.

TRAVAIL DE NUIT. — Les filles mineures et les femmes ne peuvent être employées à aucun travail de nuit dans les usines, manufactures, mines, minières et carrières, chantiers, ateliers et leurs dépendances. Tout travail entre 9 heures du soir et 5 heures du matin est considéré comme travail de nuit. En outre, les femmes travaillant la nuit dans les usines à feu continu ne peuvent être employées qu'à certains travaux énumérés par la loi. Lorsqu'elles sont occupées toute la nuit, leur travail doit être coupé par des repos d'une durée totale d'au moins 2 heures. La durée du travail effectif ne peut dépasser 10 heures par 24 heures.

En outre, le travail de nuit est permis aux femmes dans les industries suivantes : coulage et séchage de l'amidon de maïs, brochage des imprimés, pliage de journaux, allumage des lampes de mines, à condition que le travail n'excède pas 7 heures par jour.

Dans certaines industries employant des matières périssables, les femmes peuvent être employées la nuit pendant une partie de l'année (périodes variant entre 60 et 120 jours), à condition que le travail n'excède pas 10 heures par 24 heures.

Dans un grand nombre d'industries, la prolongation du travail des filles mineures et des femmes jusqu'à 11 heures du soir peut être autorisée pendant 60 jours par an, sans que la durée de la journée de travail puisse cependant excéder 12 heures.

REPOS HEBDOMADAIRE. — Les femmes ne peuvent être employées plus de 6 jours par semaine, même pour rangement d'atelier ; elles ne peuvent non plus être occupées les jours de fêtes reconnues par la loi.

Les dispositions relatives au repos hebdomadaire s'appliquent non seulement aux femmes travaillant dans les mines, usines et manufactures, mais aussi aux employées de commerce.

En principe, le jour de repos est le dimanche ; mais, dans de nombreux cas, les chefs d'établissements peuvent obtenir, soit de changer le jour pour tout le personnel, soit d'établir le repos par roulement.

TRAVAUX SOUTERRAINS. — Les femmes ne peuvent être admises dans les travaux souterrains des mines, minières et carrières.

TRANSPORT DES FARDEAUX. — Les ouvrières employées dans l'industrie ne peuvent porter, traîner ou pousser, tant à l'intérieur qu'à l'extérieur des établissements, des charges d'un poids supérieur aux suivants :

1° Port des fardeaux :
Ouvrières au-dessous de 14 ans............ 5 kilogrammes.
Ouvrières de 14 ou 15 ans ............... 8    —

Ouvrières de 16 ou 17 ans . . . . . . . . . . . . . .    10 kilogrammes.
Ouvrières de 18 ans et au-dessus . . . . . . . .    25        —

  2° Transport par wagonnets circulant sur voie ferrée :
Ouvrières au-dessous de 16 ans . . .    150 kg. (véhicule compris)
Ouvrières de 16 ou 17 ans . . . . . . .    300 —        —
Ouvrières de 18 ans et au-dessus . .    600 —        —

  3° Transport par brouettes :
Ouvrières de 18 ans et au-dessus . .    40 —        —

  4° Transport sur véhicules à 3 ou 4 roues (placières, pousseuses, etc.) :
Ouvrières au-dessous de 16 ans . . .    35 kg. (véhicule compris)
Ouvrières de 16 ans et au-dessus . .    60 —        —

  5° Transport sur charrettes à bras à 2 roues (haquets, brancards, charretons, voitures à bras, etc.) :
Ouvrières de 18 ans et au-dessus . .    130 kg. (véhicule compris)

Le transport par triporteurs est interdit aux femmes.

Il est interdit de faire porter, pousser ou traîner une charge quelconque par des femmes, dans les trois semaines qui suivent leurs couches. L'interdiction ne s'applique que lorsque l'ouvrière a fait connaître au chef de l'établissement la date de ses couches.

MACHINES A COUDRE. — Il est interdit d'employer des filles au-dessous de seize ans au travail des machines à coudre mues par des pédales.

TRAVAUX DANGEREUX OU MALSAINS. — Dans les établissements où s'effectuent des travaux dangereux ou malsains, l'accès des ateliers est, selon les cas, interdit complètement aux filles mineures et aux femmes, ou simplement aux filles au-dessous de dix-huit ans. Dans certains de ces établissements, le travail des filles mineures et des femmes n'est autorisé que sous des conditions strictement spécifiées. (Pour le détail, voir les tableaux annexés au décret du 13 mai 1893.)

TRAVAUX IMMORAUX. — Il est interdit d'employer des filles mineures ou des femmes à la confection d'écrits, imprimés, gravures, peintures, emblèmes ou autres objets dont l'offre, la vente, l'exposition ou la distribution sont réprimées par les lois pénales.

L'emploi de filles mineures est également interdit dans les ateliers où se confectionnent des écrits, imprimés ou objets qui, sans tomber sous l'application des lois pénales, sont cependant de nature à blesser la moralité.

TRAVAIL DES FEMMES DANS LES MAGASINS ET BOUTIQUES. — Chaque femme employée dans un magasin, dans une boutique ou dans tout autre local en dépendant, doit avoir un siège à sa disposition, qu'elle soit chargée de la manutention ou de la vente des marchandises.

Repos des femmes en couches. — Toute femme qui travaille habituellement hors de chez elle a droit à une allocation journalière pendant la période de repos qui précède et suit immédiatement ses couches.

Avant les couches, la femme doit présenter un certificat médical constatant qu'elle ne peut sans danger continuer à travailler.

Après les couches, l'allocation est accordée pendant les quatre premières semaines, à condition que la femme suspende l'exercice de sa profession habituelle.

Travail a domicile. — Chaque ouvrière travaillant à domicile doit recevoir un bulletin à souche ou un carnet indiquant la nature, la quantité du travail, la date à laquelle il est donné, les prix de façon ainsi que la nature et la valeur des fournitures imposées.

Les prix nets de façon ne peuvent être inférieurs à ceux qui doivent être affichés, par les soins du patron, dans les locaux d'attente ainsi que dans ceux où s'effectuent la remise des matières premières et la réception des marchandises confectionnées.

A la remise du travail, la somme nette payée doit être portée sur le bulletin ou sur le carnet.

Le prix minimum des articles fabriqués en série est fixé par les conseils du travail, de façon à permettre à une ouvrière d'habileté moyenne de gagner en dix heures un salaire égal au minimum préalablement déterminé pour chaque région.

L'ouvrière qui ne recevrait pas un salaire égal au minimum fixé peut demander au conseil des prud'hommes, ou, s'il n'en existe pas, au juge de paix, de condamner le patron à payer la différence.

La réclamation doit être faite dans les quinze jours qui suivent le payement du salaire.

Pour tous renseignements, les ouvrières peuvent s'adresser à des syndicats professionnels, aux bourses du travail, au secrétariat du conseil des prud'hommes, au greffe de la justice de paix.

La loi s'applique aux travaux concernant les vêtements, les chapeaux, les chaussures, la lingerie, la broderie, les dentelles, les plumes, les fleurs artificielles, et tous travaux quelconques rentrant dans l'industrie du vêtement.

## ACCIDENTS DU TRAVAIL.

La loi sur les accidents du travail s'applique indistinctement aux ouvriers, employés, apprentis, sans distinction de sexe. Les domestiques ne bénéficient pas de cette loi.

DROITS DE LA VICTIME. — L'ouvrier ou l'employé victime d'un accident du travail a droit :

1° Au remboursement des frais médicaux et pharmaceutiques ;

2° Au payement de son demi-salaire en cas d'incapacité temporaire, ou pendant le traitement médical ;

3° A une rente viagère, en cas d'incapacité permanente.

Pour l'incapacité absolue, la rente est égale aux deux tiers du salaire annuel.

Pour l'incapacité partielle, la rente est égale à la moitié de la réduction que l'accident aura fait subir au salaire.

Les ouvriers ou employés dont le salaire annuel dépasse 2 400 francs ne bénéficient de ces dispositions que jusqu'à concurrence de cette somme. Pour le surplus, ils n'ont droit qu'au quart des rentes sus-indiquées.

Le salaire qui sert de base à la fixation de l'indemnité allouée à l'apprenti ou à l'ouvrier âgé de moins de seize ans ne peut être inférieur au salaire le plus bas des ouvriers valides de la même catégorie employés dans l'entreprise. Toutefois, en cas d'incapacité temporaire, le montant de l'indemnité ne pourra pas dépasser le salaire de la victime.

DROITS DU CONJOINT SURVIVANT, DES DESCENDANTS ET ASCENDANTS. — Lorsque l'accident est suivi de mort, une pension est servie au conjoint, aux enfants ou aux ascendants, à partir du décès, dans les conditions suivantes :

Le conjoint survivant a droit à une rente viagère égale à 20 pour 100 du salaire annuel de la victime, à la condition que le mariage ait été contracté antérieurement à l'accident. En cas de remariage, la pension est supprimée, mais il est alloué une triple annuité à titre d'indemnité.

Les enfants légitimes ou naturels, reconnus avant l'accident, orphelins de père ou de mère, âgés de moins de seize ans, ont droit à une rente calculée sur le salaire annuel de la victime, à raison de 15 pour 100 s'il n'y a qu'un enfant, de 25 pour 100 s'il y en a deux, de 35 pour 100 s'il y en a trois, de 40 pour 100 s'il y en a quatre ou un plus grand nombre.

Pour les enfants orphelins de père et de mère, la rente est portée pour chacun à 20 pour 100, sans qu'elle puisse toutefois dépasser 60 pour 100.

Si la victime de l'accident ne laisse ni conjoint ni enfant ayant droit à une pension, les ascendants et descendants qui étaient à sa charge recevront une rente, laquelle sera pour chacun d'eux de 10 pour 100 du salaire annuel de la victime, sans que le total puisse dépasser 30 pour 100. Pour les descendants, la rente ne sera versée que jusqu'à l'âge de seize ans.

# RETRAITES OUVRIÈRES.

ASSURÉS OBLIGATOIRES. — Sont obligatoirement soumis à la loi sur les retraites ouvrières, les ouvriers, employés et domestiques gagnant moins de 3 000 francs par an. La loi s'applique à tous les salariés, sans distinction de sexe, à partir de treize ans.

VERSEMENTS. — Chaque assuré doit verser une cotisation annuelle : 9 francs pour un homme, 6 francs pour une femme, 4 fr. 50 pour un enfant. Les patrons sont tenus de faire un versement égal.

Les ouvriers travaillant à domicile, ou travaillant pour plusieurs patrons, ou travaillant par intermittence, opèrent leurs versements à raison de 1 pour 100 du salaire payé, jusqu'à concurrence du montant de la cotisation mensuelle, c'est-à-dire : 0 fr. 50 pour une femme, 0 fr. 40 pour un enfant au-dessous de dix-huit ans. Les patrons opèrent un versement égal à celui de leur ouvrier.

ASSURÉS FACULTATIFS. — Certaines catégories de personnes sont autorisées à bénéficier des avantages de la loi sur les retraites ouvrières; ce sont : les ouvriers gagnant de 3 000 à 5 000 francs, les fermiers, métayers, petits patrons, petits propriétaires, cultivateurs, et les femmes de tous les assurés.

Les ménagères peuvent donc demander à la mairie une carte des retraites ouvrières. Toutefois, leur pension ne pourra être égale à celle d'une ouvrière, qu'à la condition de payer une somme de 12 francs par an, représentant le montant du versement patronal et de la cotisation ouvrière.

PENSION DE RETRAITE. — La pension n'est due qu'à partir de l'âge de soixante ans. Elle est proportionnelle au montant des sommes versées, et augmentée par l'Etat : pour les assurés obligatoires, d'une allocation de 60 francs; pour les assurés facultatifs, d'une rente provenant de la majoration du tiers de leurs versements.

DÉCÈS AVANT L'AGE DE LA RETRAITE. — En cas de décès de l'assuré avant l'âge de soixante ans, les droits des survivants varient suivant que le défunt est un homme ou une femme.

La veuve a droit à une indemnité de 150 francs, laquelle est majorée de 50 francs par enfant au-dessous de seize ans, sans pouvoir excéder 300 francs.

Le veuf n'a droit à aucune indemnité pour lui-même, mais il peut recevoir des allocations au nom des enfants.

## CONSEILS DE PRUD'HOMMES.

COMPÉTENCE — Les différends entre patrons et ouvriers doivent être soumis aux conseils de prud'hommes.

Les différends entre patrons et employés sont soumis aux conseils de prud'hommes lorsque la demande n'excède pas 1 000 francs. Au-dessus de ce chiffre, ils sont de la compétence des tribunaux ordinaires.

CONSTITUTION. — Les membres des conseils de prud'hommes sont élus pour six ans, et renouvelés par moitié tous les trois ans.

Les femmes sont électrices et éligibles dans les mêmes conditions que les hommes.

Pour être électeur, il faut être âgé de vingt-cinq ans, exercer une profession déterminée depuis trois ans, résider dans le ressort du conseil depuis un an.

Sont éligibles : les électeurs âgés de trente ans, sachant lire et écrire ; les anciens électeurs n'ayant pas quitté la profession depuis plus de cinq ans, et l'ayant exercée cinq ans dans le ressort du conseil.

## SYNDICATS PROFESSIONNELS.

Les femmes peuvent faire partie des syndicats professionnels au même titre que les hommes. Elle peuvent également constituer entre elles des syndicats féminins.

Les femmes peuvent être nommées membres des conseils d'administration, à condition d'être Françaises et majeures.

## CONSEILS DU TRAVAIL.

ATTRIBUTIONS. — Les conseils du travail fonctionnent dans toutes les régions industrielles où l'utilité en est constatée. Ils ont pour mission notamment d'établir un tableau constatant le taux normal et courant des salaires, ainsi que la durée normale et courante de la journée de travail ; de présenter des rapports sur la répartition et l'emploi des subventions accordées aux institutions patronales et ouvrières de la circonscription ; de fixer le minimum de salaire devant être attribué aux ouvrières travaillant à domicile.

COMPOSITION. — Les membres sont élus par les associations professionnelles, patronales et ouvrières.

Sont éligibles, les Français, hommes ou femmes, âgés de vingt-cinq ans au moins, résidant dans la circonscription, exerçant ou ayant exercé pendant dix ans une profession inscrite dans l'une des sections du conseil.

Conseil supérieur du travail. — Le Conseil supérieur du travail est composé de 67 membres, dont 27 sont élus par les patrons et 27 par les ouvriers.

Pour être éligible, il faut être Français et avoir vingt-cinq ans au moins. La candidature des femmes est admise.

Parmi les membres désignés par les ouvriers, il doit y avoir obligatoirement une femme pour représenter le groupe du travail des étoffes.

## TRIBUNAUX DE COMMERCE.

Les membres des tribunaux de commerce sont élus par les commerçants français, patentés depuis cinq ans au moins.

Les femmes commerçantes sont inscrites sur les listes électorales, mais elles ne sont pas éligibles.

# INSTITUTIONS DE PRÉVOYANCE

La prévoyance sociale s'est beaucoup développée depuis quelques années, mais cela ne saurait empêcher les individus de se montrer eux-mêmes économes et prévoyants.

L'État, après avoir garanti une pension de retraite à ses fonctionnaires, a institué les retraites ouvrières, dont il assure une partie. Les travailleuses ne peuvent cependant compter vivre, dans leur vieillesse, du montant d'une retraite qui n'atteint même pas 1 franc par jour; ce ne peut jamais être pour elles qu'un appoint.

A côté des multiples compagnies, dont nous ne saurions présenter ici les diverses combinaisons, la Caisse nationale des retraites pour la vieillesse offre à chacune le moyen sûr de pourvoir à ses besoins quand elle ne sera plus en état de travailler. Le montant de la rente viagère peut atteindre 6 000 francs par an et par personne.

La Caisse nationale d'épargne donne également aux femmes toutes facilités pour opérer les versements et les retraits de fonds. Le montant d'un livret de caisse d'épargne est limité, mais, en réalité, le déposant a la possibilité de continuer indéfiniment ses versements, puisque la loi lui accorde la faculté de faire transformer son dépôt en achat de rentes sur l'État.

Les femmes mariées, peu fortunées, ont actuellement moins à craindre la maternité, puisque la loi accorde à celles qui travaillent hors de chez elles une allocation journalière pour leur permettre de se reposer durant quatre semaines avant et après la naissance de leur enfant. Mais ce secours est généralement insuffisant pour assurer une vie normale. En outre, les femmes qui s'occupent simplement chez elles comme ménagères, ou même qui exécutent à domicile des travaux salariés, ne bénéficient pas de la loi sur le repos des femmes en couches.

Pour donner à toutes les mères plus de bien-être et de sécurité, il a été créé des mutualités maternelles dont les avantages doivent grandir au fur et à mesure que le nombre des participantes augmente, car le principe des assurances mutuelles repose sur le plus grand nombre possible d'assurés.

Des sociétés de secours mutuels sont souvent adjointes aux associations professionnelles ; mais, dans les sociétés mixtes, la maternité n'est pas assimilée à une maladie et ne donne droit par conséquent à aucune allocation.

Nous donnons ci-dessous les prescriptions légales intéressant les femmes, pour chacune des principales institutions de prévoyance.

## CAISSE D'ÉPARGNE.

FEMME AGISSANT SEULE. — Les femmes mariées, quel que soit leur régime matrimonial, sont admises à faire des versements à la Caisse d'épargne, sans l'autorisation du mari. Elles ont également le droit de demander le remboursement des sommes versées.

FEMME EXERÇANT UNE PROFESSION. — La femme exerçant une profession distincte de celle de son mari a le droit d'opérer des versements à la Caisse d'épargne et d'exiger l'indication sur son livret qu'elle agit en vertu de la loi du 13 juillet 1907.

Cette indication aura pour résultat de laisser à la femme la propriété de son livret si, plus tard, elle se trouve dans l'obligation de renoncer à la communauté ; tandis que, dans le premier cas, le livret de la femme ne peut jamais sortir de la communauté.

# RETRAITE POUR LA VIEILLESSE.

CAISSE NATIONALE DES RETRAITES. — Tout versement fait à la Caisse nationale des retraites pour la vieillesse par le mari ou par la femme peut être effectué à son profit exclusif.

# SOCIÉTÉ DE SECOURS MUTUELS.

ADHÉSION. — Les femmes sont autorisées à faire partie des sociétés de secours mutuels sans l'assistance de leur mari.

ADMINISTRATION. — Pour faire partie d'un conseil d'administration ou de direction d'une société de secours mutuels, la femme mariée doit être autorisée par son mari.

MUTUALITÉS MATERNELLES. — Dans différentes villes fonctionnent des mutualités maternelles ayant pour but de donner aux sociétaires, lorsqu'elles sont en couches, une indemnité suffisante pour qu'elles puissent s'abstenir de travailler pendant quatre semaines, et pour leur permettre de se soigner et de donner à leur enfant les soins qu'il réclame pendant les premières semaines qui suivent la naissance.

# BIEN DE FAMILLE.

BIEN INSAISISSABLE. — La propriété constituée en *bien de famille* est insaisissable; elle ne peut avoir une valeur supérieure à 8 000 francs. Le bien de famille cesse à la dissolution de la famille; toutefois le partage peut en être retardé jusqu'à la majorité du plus jeune enfant.

CONSTITUTION. — La constitution du bien de famille peut être faite par le mari, soit sur ses biens propres, soit sur les biens de la femme dont il a l'administration, mais alors seulement avec le consentement de la femme.

Il est également possible à la femme de constituer seule, et sans autorisation maritale, un bien de famille sur ses biens propres dont elle a l'administration.

RENONCIATION. — Le propriétaire du bien de famille ne peut pas renoncer à l'insaisissabilité, ni hypothéquer. Il ne peut pas vendre le bien sans le consentement des bénéficiaires ou de leurs représentants légaux (tuteur, conseil de famille).

Le mari propriétaire ne peut pas vendre sans l'autorisation donnée par la femme devant le juge de paix.

# DROIT PÉNAL

D'une manière générale, les hommes et les femmes ayant commis des crimes, des délits ou des contraventions, sont passibles des mêmes peines. Nous n'examinerons donc dans ce chapitre que les cas qui intéressent plus particulièrement les femmes.

INFANTICIDE. — La mère qui a tué son enfant nouveau-né est punie des travaux forcés à perpétuité. Les coauteurs ou complices de la mère sont punis de travaux forcés à perpétuité ou de la peine de mort.

AVORTEMENT. — La femme qui se fait avorter est punie de la réclusion; quiconque lui a procuré les moyens de se faire avorter est passible de la même peine. Les médecins, chirurgiens et pharmaciens qui auraient aidé à provoquer des avortements sont punis des travaux forcés à temps.

ADULTÈRE. — Le Code déclare excusable, c'est-à-dire non punissable, le meurtre commis par le mari sur sa femme et sur le complice, lorsqu'il les surprend en flagrant délit d'adultère dans la maison conjugale.

La même excuse n'est pas accordée à la femme qui, dans des circonstances identiques, tuerait son mari et la complice.

L'adultère est un délit, mais il est puni différemment selon qu'il est commis par le mari ou par la femme.

L'adultère de la femme, en quelque lieu qu'il soit commis, peut être puni de 3 mois à 2 ans de prison. Le mari peut faire sortir sa femme de prison en consentant à la reprendre au domicile conjugal. Le complice peut être puni de la même peine d'emprisonnement et, en outre, d'une amende de 100 francs à 2 000 francs.

Le mari ne peut être poursuivi que pour entretien d'une concubine au domicile conjugal, et, à son égard, la peine prévue n'est que celle de l'amende de 100 francs à 2 000 francs.

Après un jugement de séparation de corps, l'épouse peut

encore être traduite en police correctionnelle pour délit d'adultère, tandis que l'époux ne risque plus aucune poursuite, parce que la cohabitation des époux a pris fin.

ATTENTAT AUX MŒURS. — Les enfants des deux sexes ne sont protégés contre les attentats à la pudeur que jusqu'à l'âge de treize ans. Au-dessus de cet âge, il faut qu'il y ait eu violence ou que le fait ait été commis par un ascendant, pour qu'il soit réputé criminel.

L'âge du consentement pour le mariage est de quinze ans pour les filles et dix-huit ans pour les garçons; il semble donc extraordinaire qu'il soit abaissé à treize ans pour des faits qui peuvent compromettre à tout jamais la santé et la moralité des enfants. Cet âge est très inférieur à celui qui est fixé dans les législations des pays scandinaves et anglo-saxons, dans les colonies britanniques, et en Amérique, dans plusieurs États de l'Union.

EXCITATION A LA DÉBAUCHE. — Le Code prévoit quatre cas, qui sont tous punis de 6 mois à 3 ans de prison et de 50 à 5 000 francs d'amende :

1º L'excitation habituelle des mineurs à la débauche;

2º Le détournement ou l'embauchage, même avec son consentement, d'une fille mineure en vue de la débauche, lorsqu'il s'agit de satisfaire les passions d'autrui;

3º L'entraînement ou l'embauchage, par fraude ou à l'aide de violence, d'une femme majeure en vue de la débauche, pour satisfaire les passions d'autrui;

4º Le fait de retenir une femme, contre sa volonté, dans une maison de débauche ou de la contraindre à se livrer à la prostitution.

Les tribunaux ont adouci les rigueurs du Code, et il est maintenant admis que, même dans le premier cas, ce sont les agents intermédiaires seuls qui commettent un délit, tandis que les individus qui excitent les mineurs à la débauche dans le but de satisfaire leurs propres passions ne doivent pas être poursuivis. Il est bien évident que cette manière d'interpréter la loi est en contradiction absolue avec le texte lui-même; elle est fort regrettable, car elle a favorisé la débauche et la prostitution, en ne punissant pas la corruption de la jeunesse.

ENLÈVEMENT, SUBSTITUTION, SUPPOSITION D'ENFANT. — L'enlèvement d'un enfant, la substitution d'un enfant à un autre, ou la supposition d'un enfant à une femme qui n'est pas accouchée, sont punis de la réclusion. La peine est réduite à 5 ans de prison s'il n'est pas établi que l'enfant ait vécu ; s'il est certain que l'enfant n'a pas vécu, la peine n'est que de 6 jours à 2 mois de prison.

ABANDON D'ENFANT. — Le fait d'abandonner un enfant est puni d'un emprisonnement et d'une amende, mais la durée et la valeur de ces peines varient selon l'endroit où l'enfant a été abandonné et le dommage qu'il en est résulté pour ce dernier. La réclusion et les travaux forcés peuvent être appliqués dans certains cas, notamment lorsque ce sont les parents ou grands-parents qui sont coupables.

ENLÈVEMENT DE MINEUR. — L'enlèvement ou le détournement de mineurs sont punis de la réclusion.

Quand la mineure enlevée ou détournée est une fille de moins de seize ans, son ravisseur est puni de travaux forcés à temps, s'il est majeur, et de 2 à 5 ans de prison, s'il est mineur lui-même. Ces peines sont applicables même si la jeune fille était consentante.

En cas de séparation ou de divorce, celui des parents qui enlèverait un enfant ou ne le représenterait pas aux personnes qui ont obtenu la garde par décision de justice serait passible d'un emprisonnement d'un mois à un an et d'une amende de 16 à 5 000 francs. Si le coupable avait été déchu de la puissance paternelle, l'emprisonnement peut être élevé jusqu'à 3 ans.

DÉCHÉANCE PATERNELLE. — La déchéance de la puissance paternelle qui est prononcée contre le père ou la mère produit son effet à l'égard de tous les enfants et descendants sans exception.

Les motifs de la déchéance sont : la condamnation des parents pour excitation de mineurs à la débauche ; la condamnation pour mauvais traitements sur un de leurs enfants ; la condamnation comme coauteur ou complice d'un crime commis par un de leurs enfants ; les condamnations pour vagabondage, pour abandon ou séquestration d'un enfant ; la condamnation aux travaux forcés ou à la réclusion ; l'envoi dans une maison de correction de leurs enfants reconnus coupables de crimes ou de délits.

Enfin, en dehors de toute condamnation, les parents peuvent être déchus de la puissance paternelle pour ivrognerie habituelle, inconduite notoire ou scandaleuse, ou pour mauvais traitements compromettant la santé, la sécurité ou la moralité de leurs enfants.

Lorsque le père est déchu de ses droits, la puissance paternelle peut être donnée à la mère par décision de justice.

La déchéance paternelle est prononcée, suivant les cas, par le tribunal civil, le tribunal correctionnel ou la cour d'assises.

PROSTITUTION DES MINEURS. — Les enfants de moins de dix-huit ans qui se livrent habituellement à la prostitution comparaissent devant le tribunal civil, qui décide si ces enfants doivent être remis à leurs parents ou placés dans un établissement de réforme morale.

TRIBUNAUX POUR ENFANTS. — Des tribunaux spéciaux ont été organisés pour juger les enfants de moins de dix-huit ans.

Le juge d'instruction chargé d'une information contre un enfant de moins de treize ans peut faire procéder à une enquête, sur l'enfant et sa famille, par un rapporteur choisi sur la liste que dresse chaque année le tribunal. Les femmes peuvent figurer sur la liste des rapporteurs.

L'enfant de treize à dix-huit ans, reconnu coupable, peut être placé en liberté surveillée sous la garde d'une personne ou d'une institution charitable. Les femmes sont admises comme déléguées à la liberté surveillée.

# TABLE DES MATIÈRES

## LÉGISLATION DU TRAVAIL

Paris. — Imprimerie Larousse, 17, rue Montparnasse.